Básico A1

Conversando em Português

Maria Luiza Cunha Lima
Hyo Jeong Sung
Maria João Pais do Amaral
Sora Lim

dh 다해

Conversando em Português

Básico 1 - A1

Autoras

Maria Luiza Cunha Lima

Hyo Jeong Sung

Maria João Pais do Amaral

Sora Lim

Ilustrações

Helena Nascimento

Conversando em Português

This paperback edition was first published in 2021.

Published in the Republic of Korea by Dahae, Seoul
(04555) 29, Chungmu-ro, Jung-gu, Seoul, Republic of Korea
Tel: +82-2-2266-9247
E-mail: dhp9247@empas.com

Publication Date: August 31, 2021

First published in 2021

ISBN 979-11-5556-203-1(93770) paperback

Price KRW: 25,000(won)

본 교재는 2020년 정부 (교육부 국립국제교육원) '특수외국어교육 진흥 사업'의 지원을 받아 수행된 결과입니다.
(CFL-한국외-2020-포브-C-1)
This work was supported by 2020 Research Fund of Critical Foreign Languages Education Promotion (CFL).

Sumário

Prefácio

O objetivo de *Conversando em Português* é dar ao professor de português como língua adicional recursos que facilitem o uso da fala na sala de aula e ajudem os alunos a se expressarem de maneira livre e divertida. Ao mesmo tempo, procuramos tornar os elementos linguísticos mais familiares para os alunos.

Todos os capítulos começam com a seção "Entrando no Assunto", onde a estrutura que procuramos praticar é apresentada dentro de um tema que facilite aos alunos compreender o seu uso e o seu significado.

Em seguida, a seção "Aprofundando a Conversa" traz exercícios que permitem ao aluno usar o vocabulário e a estrutura gramatical da unidade. Já em "Gramaticalmente Falando", há uma explicação em que a forma e a função da construção gramatical são explicitadas e praticadas.

Por fim, a seção "Brincando e Aprendendo" traz diversas dinâmicas e jogos para a sala de aula que incentivam a produção dos alunos e a interação entre eles. O objetivo destas atividades é facilitar a fala do aluno sem pressões excessivas com correção gramatical e incentivando acima de tudo a fluência e a expressividade linguísticas.

Além disso, o livro procura focar nas necessidades específicas dos alunos cuja língua materna é coreano. Para isso, usa elementos da cultura coreana procurando os temas mais relevantes e próximos ao universo dos alunos. Por outro lado, as explicações e exemplos são baseados nas dúvidas e dificuldades comuns dos alunos coreanos quando entram em contato com o português.

Este é o primeiro volume da Coleção *Conversando em Português*, começando do zero e avançando até o uso do gerúndio. Ao contrário de outros materiais escritos com alunos falantes de línguas indo-europeias em mente, esse material conta pouco com a capacidade do aluno de fazer transferência linguística entre sua língua materna e o português. Por isso, leva o tempo e o detalhe adequados para que o aluno se familiarize com características linguísticas muito distantes como concordância nominal, o uso de artigos e o sistema pronominal do português. Do ponto de vista do alfabeto e também da pronúncia, o volume introduz português para o falante de coreano, usando exemplos da pronúncia e escrita coreanas. O aluno aprenderá ainda o vocabulário mais básico e diversas expressões necessárias para uma comunicação mínima com o falante brasileiro. Esperamos, com o material, colaborar para um início promissor nessa árdua jornada de aprender um idioma tão diferente.

As autoras esperam continuar a contribuir para o preenchimento da importante lacuna que ainda existe nos materiais didáticos de Português como Língua Adicional para falantes de línguas distantes, especialmente para aprendizes falantes do coreano como língua nativa.

Esse trabalho não teria sido possível sem o apoio do projeto "Promoção do Ensino de Línguas Estrangeiras em Situação Crítica" (Critical Foreign Languages Education Promotion) financiado pelo Instituto Nacional de Educação Internacional (NIIED). Agradecemos também o apoio do Departamento de Português da Universidade Hankuk de Estudos Estrangeiros (HUFS). Pudemos, além do mais, contar com o espaço físico do Centro de Língua Portuguesa Camões da HUFS e com o apoio de seus monitores. E, finalmente, agradecemos aos nossos alunos que comentaram e ajudaram a testar o presente material.

As Autoras

UNIDADE I :

Primeiro dia de aula

ENTRANDO NO ASSUNTO

Dialógo 1

Diálogo 2

APROFUNDANDO A CONVERSA

1. Associe a situação ao cumprimento correto.
상황별 인사말에 해당하는 그림을 찾아보세요.

1	 Bom dia!
2	 Boa tarde!
3	 Boa noite!

A ( )	
B ( )	
C ( )	
D ( )	
E ( )	
F ( )	

2. Agora, cumprimente e apresente-se aos seus colegas.

옆 사람과 인사를 나누고 자기 소개를 해보세요.

3. Veja alguns cumprimentos.

인사말, 어떻게 나누면 좋을까요?

만났을 때	안부 묻고 대답할 때	이름 묻고 대답할 때	처음 만났을 때	헤어질 때
Oi! Olá! Bom dia. Boa tarde. Boa noite.	Tudo bem? Tudo bom? Como vai? Tudo bem, e você?	Como é seu nome? Meu nome é João.	Muito prazer. Prazer em conhecer.	Tchau. Até logo.

4. Se apresente aos colegas usando as formas do exercício 3.

옆 사람에게 3번의 인사말을 활용하여 자기소개를 해보세요.

	Colega 1	Colega 2	Colega 3
Como cumprimentar 인사하기			
Como perguntar como está 안부 묻기			
Como perguntar o nome 이름 묻기			
Como dizer o seu nome 자기 이름 말하기			
Como se despedir 헤어질 때 인사하기			

5. Expressões úteis

GRAMATICALMENTE FALANDO

1. Alfabeto. Ouça e repita.
알파벳을 듣고 따라 읽어보세요.

ABCDEFGHI
JKLMNOPQ
RSTUVWXYZ

Unidade 1 - Alfabeto em português

Algumas letras do Português são diferentes do inglês. Para nossa sorte, mais parecidas com o coreano. Claro que temos várias diferenças, mas a tabela abaixo ajuda com algumas correspondências.

포르투갈어 알파벳은 발음 상의 여러 차이점이 존재하는 것이 사실이지만, 아래 표를 통해 유사한 발음들을 익혀보도록 하세요.

Vogais: 모음

Português	Coreano
A	ㅏ
E	ㅔ ou ㅐ
I	ㅣ
O	ㅗ ou ㅓ
U	ㅜ
Não existe	ㅡ

Consoantes: 자음

Português	Coreano
T	ㄸ
P	ㅃ
C	ㄲ
R	ㅎ
M	ㅁ
N	ㄴ

Em Português Brasileiro, o R no **começo das palavras** é sempre igual ao som /ㅎ/ em coreano ou ao H em inglês. Por exemplo, a palavra RATO (쥐) tem a pronúncia /하뚜/.

Temos também a palavra CARRO, que significa 자동차 e se pronuncia /까후/. RR sempre é pronunciado /ㅎ/ e nunca vai aparecer no começo de palavras.

A letra R sozinha, **no meio de palavras**, tem o som semelhante ao /ㄹ/. Esse som nunca vem no começo das palavras. Por exemplo, a palavra CARO (비싼) se pronuncia /까루/.

Por fim, temos a palavra CALO, que significa 굳은살 e é pronunciada /깔루/. Um R no meio da palavra se pronuncia igual a /까루/ e um L sempre como /깔루/.

O L depois de uma vogal é pronunciado sempre como /우/.

A letra H é muda, não tem som. Por exemplo, HOTEL, em português, tem a pronúncia /오때우/.

브라질식 포르투갈어에서 두음 R은 한국어의 /ㅎ/ 혹은 영어의 H와 항상 동일하게 발음됩니다. 가령, RATO (쥐)는 /하뚜/라고 발음됩니다.

'자동차'를 의미하는 CARRO의 경우에는 /까후/라고 발음합니다. RR는 항상 /ㅎ/으로 발음되며 두음에 오는 경우는 없습니다.

R이 단어 중간에 단독으로 쓰일 때는 /ㄹ/과 유사하게 발음되며, 두음에서 /ㄹ/로 발음되는 경우는 없습니다. 가령, CARO (비싼)는 /까루/라고 발음됩니다.

마지막으로, '굳은살'을 의미하는 CALO는 /깔루/라고 발음합니다. 요컨대, 단어 중간에 오는 R은 '까루'로 발음하고 L는 '깔루'라고 발음됩니다.

모음 다음에 오는 L는 항상 /우/로 발음됩니다.
H는 묵음으로, 발음되지 않습니다. 예를 들어, 포르투갈어에서의 HOTEL은 /오때우/라고 발음합니다.

Palavra (낱말)	Pronúncia (발음)	Significado (뜻)
RATO	/하뚜/	쥐
CARRO	/까후/	자동차
CARO	/까루/	비싼
CALO	/깔루/	굳은살
HOTEL	/오때우/	호텔
RARO	/하루/	희귀한
RALO	/할루/	하수구
CERA	/쎄라/	왁스
SELO	/쎌루/	우표
SERRA	/쌔하/	톱

Você é o João.

Esses sinais chamados "acentos" indicam uma variação na pronúncia da palavra. Por enquanto, não se preocupe tanto com eles. Aos poucos vamos explicando cada um.

포르투갈어는 강세 부호를 통해 발음이 바뀔 수 있습니다. 각 강세 부호별 정확한 발음은 학습 진도에 맞춰 설명드리도록 하겠습니다.

2. Dialógo: Como se escreve o seu nome?

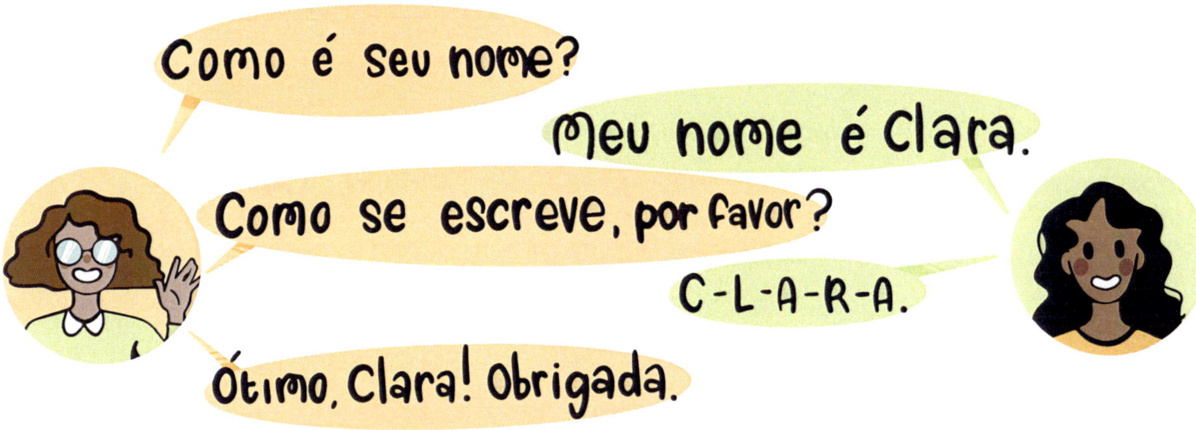

3. Soletre o nome de cada pessoa da fila.

줄 서 있는 사람들의 이름의 철자를 하나씩 이야기 해보세요.

4. Agora, entreviste seus colegas.

옆 사람에게 다음의 내용을 묻고 표를 완성하세요.

Nome?				
Como se escreve, por favor?				
Obrigado(a).				

5. Gramática – Gênero e artigo

문법 - 성과 관사

Unidade 1 – Substantivos femininos e masculinos em português

Exercícios

1. Escolha todos os substantivos masculinos:
남성 명사를 모두 고르세요

a) ☐ Cachorro

b) ☐ Gata

c) ☐ Menino

d) ☐ Brasil

e) ☐ Amiga

f) ☐ Professor

2. Ponha o artigo correto na frente dos nomes:
명사 앞에 알맞은 관사를 쓰세요.

a) ____________________ bolsa

b) ____________________ sofá

c) ____________________ televisão

d) ____________________ Coreia

e) ____________________ médico

3. Escreva o feminino dos substantivos abaixo:
아래 남성 명사를 여성 명사로 활용하세요.

a) Amigo ______________________________

b) Homem ______________________________

c) Professor ______________________________

d) Menino ______________________________

e) Brasileiro ______________________________

4. Marque todas as orações corretas:

옳은 문장을 모두 고르세요.

a) ☐ Todos os substantivos em português têm gênero.
모든 포르투갈어 명사는 성을 가지고 있습니다.

b) ☐ Todas as palavras masculinas terminam com -o.
모든 남성 명사는 -o로 끝납니다.

c) ☐ Em português, não existe gênero neutro.
포르투갈어에는 중성 명사가 존재하지 않습니다.

d) ☐ É fácil adivinhar o gênero olhando para o final da palavra.
낱말의 어미를 통해 명사의 성을 구분할 수 있습니다.

e) ☐ O artigo definido feminino é "a".
"a"는 여성 정관사입니다.

BRINCANDO E APRENDENDO

1. O jogo da forca

단어 맞추기 게임 행맨hangman은 글자 수만큼 빈칸을 그려놓고, 나머지 참여자들이 낱말에 들어가는 글자를 제시합니다. 해당 글자가 없을 경우, 낱말을 제시한 사람은 그림을 하나씩 완성해 갑니다. 글자를 맞추는 순서에 상관없이 그림이 완성되기 전에 나머지 참여자들은 정답을 맞춰야 합니다.

Agora é hora de jogar!

UNIDADE II :

De onde você é?

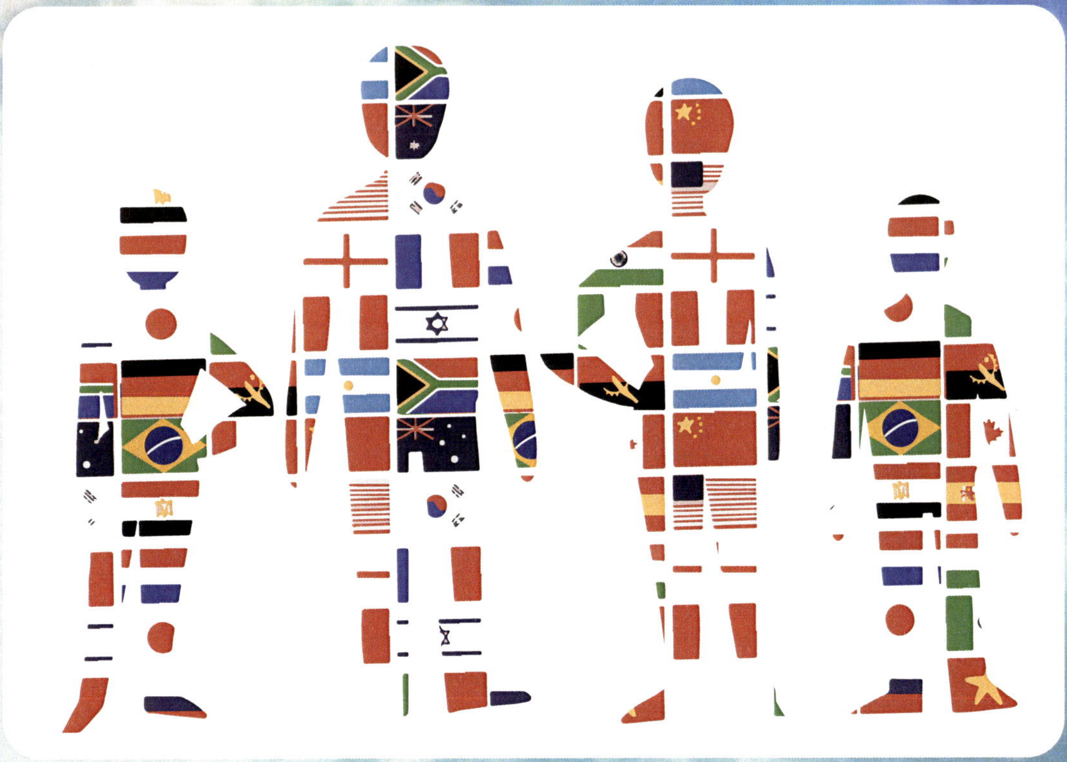

ENTRANDO NO ASSUNTO

De onde é…?

https://create.kahoot.it/v2/details/2f11de4b-ba00-4eb9-afd5-96f24e5aafb1

APROFUNDANDO A CONVERSA

Assista o vídeo.
동영상을 시청하세요.

Unidade 2 - Nacionalidades

Como você pode ver, em português, existem dois jeitos de falar da origem ou da nacionalidade.
포르투갈어로 출신이나 국적은 두 가지 방법으로 표현할 수 있습니다.

a. Eu sou da Coreia.

b. Eu sou coreano (a).

Agora, assista os vídeos e responda às perguntas abaixo.

동영상을 시청하고 아래 질문에 답하세요.

Unidade 2 – De onde eles são?

1		1. De onde ele é? Nesse vídeo, ele diz: "Sou ________________."
2		2. De onde ela é? Ela diz: "Eu ________________."
3		3. De onde ela é? Ela diz: "Eu ________________."
4	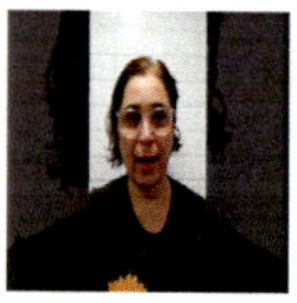	4. De onde ela é? Ela diz: "Eu ________________."

Você reparou que a moça do vídeo 3 diz "Sou de Angola"? É porque o nome de alguns países não tem artigo. É o caso de Angola, Cuba, Israel, Moçambique, Portugal, entre outros.

3번째 동영상에서 "Sou de Angola"라고 하는 부분 들으셨나요? 그 이유는 앙골라, 쿠바, 이스라엘, 모잠비크, 포르투갈을 비롯한 몇몇 국가명 앞에는 정관사를 사용하지 않기 때문입니다.

Conheça alguns países.

국가 목록

	A África do Sul
	A Alemanha
	Angola
	A Argentina
	A Austrália
	O Brasil
	O Canadá
	A China
	A Coreia do Sul
	A Coreia do Norte
	O Egito
	A Espanha
	Os Estados Unidos
	A França

	A Holanda
	A Índia
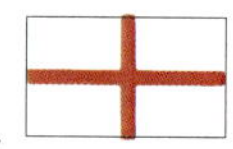	A Inglaterra
	Israel
	A Itália
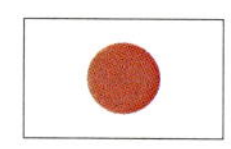	O Japão
	O México
	Moçambique
	O Paraguai
	O Peru
	Portugal
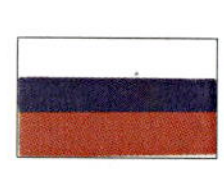	A Rússia
	O Vietnã
	Cuba

GRAMATICALMENTE FALANDO

1. Verbo ser

Em português, o verbo TO BE é realizado por dois verbos diferentes: SER e ESTAR. Nesta unidade, nós só vamos ver o verbo ser.

포르투갈어의 BE 동사는 SER와 ESTAR 두 동사로 나뉩니다. 이번 장에서는 SER 동사의 용법에 대해 배워봅시다.

Unidade 2 – Verbo ser em português

Conjugação do verbo ser		
Eu	sou	professora.
Você	é	estudante.
Ele Ela	é	coreano. coreana.
Nós	somos	amigos.
Vocês	são	estudantes.
Eles Elas	são	brasileiros. brasileiras.

2. Feminino ou masculino?

Coloque o artigo correto na frente de cada país.
국적 앞에 알맞은 관사를 넣어보세요.

Artigo	Nacionalidade	Artigo	País
	Austrália		Egito
	Japão		Holanda
	Inglaterra		Suécia
	Estados Unidos		Rússia
	Itália		Tailândia
	Turquia		Alemanha
	China		Argentina
	Espanha		França
	Índia		Portugal
	Vietnã		Canadá
	Coreia do Sul		Coreia do Norte

3. Escreva a nacionalidade de cada país.

각 나라별 국명 형용사를 적어보세요.

País	Nacionalidade	País	Nacionalidade
Austrália		Egito	
Japão		Holanda	
Inglaterra		Israel	
Estados Unidos		Rússia	
Itália		Tailândia	
Turquia		Alemanha	
China		Argentina	
Espanha		França	
Índia		Portugal	
Vietnã		Canadá	

4. Separe as nacionalidades em grupos de acordo com a tabela.

표에 제시된 어미에 따라 국명 형용사를 분류해보세요.

-ano, ana	-ês/esa	-ense	outros

5. Unidade 2 – DE + artigo em português

전치사 DE와 관사의 결합형

Preposição DE	Artigo	Contração
DE	O	DO
DE	A	DA
DE	OS	DOS
DE	AS	DAS

6. Escolha um país da lista. Seu colega vai ter que descobrir de onde você é usando o verbo ser.

위의 표에 제시된 국가 중 하나를 고르세요. 옆 사람과 함께 어느 나라 출신인지 SER 동사를 활용하여 묻고 답하세요.

Exemplo:

A: Você é da Espanha? B: Não.

A: Você é da China? B: Não.

A: Você é dos Estados Unidos? B: Sou!

A: Ah, você é americano? B: Sim, sou americano.

7. Ligue os países à língua.

국가명과 공용어를 연결해 보세요.

Brasil •	• Inglês
Estados Unidos •	• Espanhol
Canadá •	• Português
Áustria •	• Alemão
México •	• Francês

8. Agora assista o vídeo e responda.
동영상을 시청하고 질문에 답하세요.

Unidade 2 – Me fale de você

Assista o vídeo e preencha a tabela. As pessoas dão muitas informações, mas não se preocupe. Procure apenas o que está sendo pedido.

동영상 시청 후 아래 표를 완성해 보세요. 동영상에서는 보다 많은 정보가 제공되지만, 아래 표에 제시된 내용에 한해 기입하시면 됩니다.

	Nome	Onde mora?	De onde é?
1			
2			
3			
4			
5			

9. Unidade 2 – Verbos da primeira conjugação em português
제1변화동사

Conjugação do verbo falar	
Eu	falo
Você	fala
Ele / ela	fala
Nós	falamos
Vocês	falam
Eles / elas	falam

Conjugação do verbo morar	
Eu	moro
Você	mora
Ele / ela	mora
Nós	moramos
Vocês	moram
Eles / elas	moram

10. Unidade 2 – EM + artigo em português
전치사 EM과 관사의 결합형

Preposição EM	Artigo	Contração
EM	O	NO
EM	A	NA
EM	OS	NOS
EM	AS	NAS

BRINCANDO E APRENDENDO

1. De onde é a pessoa?
이 사람은 어디 출신일까요?

https://create.kahoot.it/v2/details/8ad494bd-6a43-47ed-b15f-9c737ee2e39b

2. Pingue-pongue
말 주고받기 게임

Agora, pratique com o colega. Teste seu colega em diferentes países e nacionalidades. Se você disser o país, o colega responde com a nacionalidade. Se disser a nacionalidade, o colega responde com o país.

옆 사람과 함께 국가명과 국적 형용사를 활용하여 놀이를 해보세요. 핑퐁을 주고받듯이, 한 사람이 국가명을 말하면, 다른 한 사람은 국명 형용사를 말하고, 반대로 국명 형용사를 이야기하는 경우에는 국가명을 답하면 됩니다.

3. Em grupos, vocês têm doze minutos para escrever o nome do máximo de países possível no jogo que está no link que segue.
조를 짜서 다음 링크를 접속한 뒤 12분 내에 최대한 많은 국가명을 포르투갈어로 적어 보세요.

https://www.jetpunk.com/quizzes/paises-do-mundo

UNIDADE III :

Vamos contar!

ENTRANDO NO ASSUNTO

1. Para onde você vai?

어디로 가세요?

2. Vamos contar em português.
포르투갈어로 숫자를 세어봅시다.

Unidade 3 – Números de 0 a 9

0	zero
1	um, uma
2	dois, duas
3	três
4	quatro
5	cinco
6	seis
7	sete
8	oito
9	nove

Conjugação do verbo ir (irregular)		
Eu	vou	Eu vou para a aula.
Você	vai	Você vai para Busan.
Ele / ela	vai	Ele vai para o trabalho.
Nós	vamos	Nós vamos para o restaurante.
Vocês	vão	Vocês vão para casa.
Eles / elas	vão	Eles vão para o café.

Pergunte aos colegas o número do ônibus que eles pegam e para onde esse ônibus vai.

예시를 참조하여 옆 사람에게 몇 번 버스를 탈 것인지와 버스의 목적지를 물어보세요.

Veja o exemplo.

Você: Que ônibus você pega?
Colega: Eu pego o 173.
Você: Para onde ele vai?
Colega: Ele vai para Myeong-dong.

Nome do colega	Número do ônibus	Para onde vai

APROFUNDANDO A CONVERSA

Unidade 3 – Números de 10 a 29

10	dez	20	vinte
11	onze	21	vinte e um
12	doze	22	vinte e dois
13	treze	23	vinte e três
14	quatorze, catorze	24	vinte e quatro
15	quinze	25	vinte e cinco
16	dezesseis	26	vinte e seis
17	dezessete	27	vinte e sete
18	dezoito	28	vinte e oito
19	dezenove	29	vinte e nove

Unidade 3 – Números de 30 a 99

30	trinta
40	quarenta
50	cinquenta
60	sessenta
70	setenta
80	oitenta
90	noventa

Dezenas

https://create.kahoot.it/v2/share/quantos-anos-eles-tem/409afd97-6349-4b9f-b327-38e809e28494

Conjugação do verbo ter (irregular)		
Eu	tenho	Eu tenho dezenove anos.
Você	tem	Você tem um gato.
Ele / ela	tem	Ele tem um carro.
Nós	temos	Nós temos aula.
Vocês	têm	Vocês têm tarefa de casa.
Eles / elas	têm	Eles têm cinco livros.

E você? Quantos anos você tem? Pergunte aos colegas quantos anos eles têm.

여러분의 나이는 몇 살인가요? 옆 사람에게 나이를 물어보세요.

Nome do colega	Idade

GRAMATICALMENTE FALANDO

1. Que horas são?
몇 시에요?

	É...		
1:00	uma hora		
12:00	meio-dia		
00:00	meia-noite		
	São...		
2:00	duas horas	:05	cinco minutos
3:00	três horas	:10	dez minutos
4:00	quatro horas	:15	quinze minutos
5:00	cinco horas	:20	vinte minutos
6:00	seis horas	:25	vinte e cinco minutos
7:00	sete horas	:30	meia hora
8:00	oito horas	:35	trinta e cinco minutos
9:00	nove horas	:40	quarenta minutos
10:00	dez horas	:45	quarenta e cinco minutos
11:00	onze horas	:50	cinquenta minutos
		:55	cinquenta e cinco minutos

Que horas são?

8:00	São oito. São oito horas.
8:05	São oito e cinco.
8:15	São oito e quinze.
8:30	São oito e trinta. São oito e meia.
8:45	São oito e quarenta e cinco. São quinze para as nove.

2. Que horas são em ...?
그곳은 몇 시에요?

Você e seu colega estão em Londres. Em Londres é meio-dia.

Na tabela do Aluno A tem o horário de algumas cidades do mundo, quando em Londres é meio-dia. E na tabela do Aluno B tem o horário de outras cidades. Pergunte ao colega que horas são nessas cidades quando em Londres é meio-dia e complete a sua tabela.

여러분은 지금 런던에 있고, 현재 시각은 낮 12 시입니다.

아래 Aluno A 와 Aluno B 의 표에는 서로 다른 세계 여러 도시의 시간이 적혀 있습니다. 런던 시각 낮 12 시 기준으로 몇 시인지 묻고 각자의 표를 완성해 보세요.

Aluno A	
Londres	12:00 (meio-dia)
Singapura	
Moscou	3 da tarde
Beijing	8 da noite
Los Angeles	
Bangkok	
Sydney	
Nova Iorque	7 da manhã
Madri	1 da tarde
Joanesburgo	
Rio de Janeiro	9 da manhã
Budapeste	
Seul	9 da noite

Aluno B	
Londres	12:00 (meio-dia)
Joanesburgo	2 da tarde
Beijing	
Madri	
Sydney	10 da noite
Seul	
Rio de Janeiro	
Budapeste	1 da tarde
Moscou	
Singapura	8 da noite
Los Angeles	4 da manhã
Nova Iorque	
Bangkok	7 da noite

3. Fuso-horário

시차

a. Paulo mora em Londres e Ana mora em Bangkok. Ana acorda às 7:30 toda manhã. Que horas são para Paulo?

b. São 5:10 da tarde para Paulo. Maria liga para ele de Nova Iorque. Que horas são para Maria?

c. Lucas trabalha em Budapeste. Às três da tarde, Lucas assiste futebol. Que horas são em Londres?

d. Lucas liga para Paulo às quinze para as cinco. Que horas são para Paulo?

BRINCANDO E APRENDENDO

1. O dia a dia de Pedro
페드루의 일상

Eu acordo às 7:00.

Tomo café da Manhã às 7:30.

Eu tomo banho às 8:00.

Pego o ônibus às 8:30.

Chego na faculdade às 9:30.

Entro no Youtube às 20:00.

Vou dormir às 23:00.

2. Em pares, pergunte ao seu colega a que horas ele faz as atividades abaixo e escreva a hora no relógio.

아래 주어진 예시를 참조하여 옆 사람에게 몇 시에 해당 활동을 하는지 묻고 시간을 그려 넣으세요.

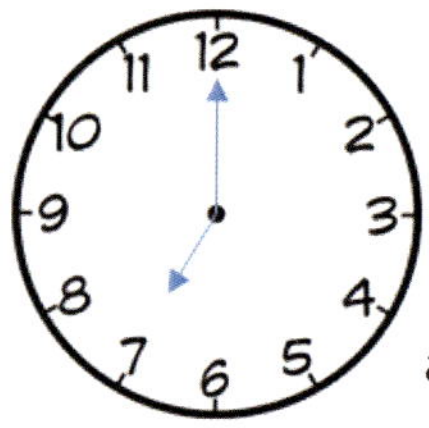

acordar

Exemplo: Que horas você acorda?
Eu acordo às sete horas da manhã.

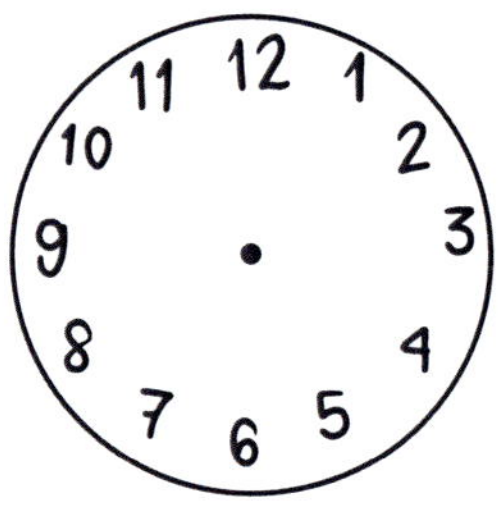

acordar

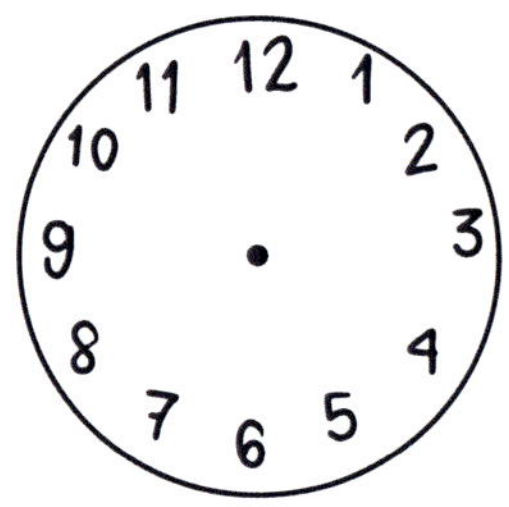

tomar café da manhã

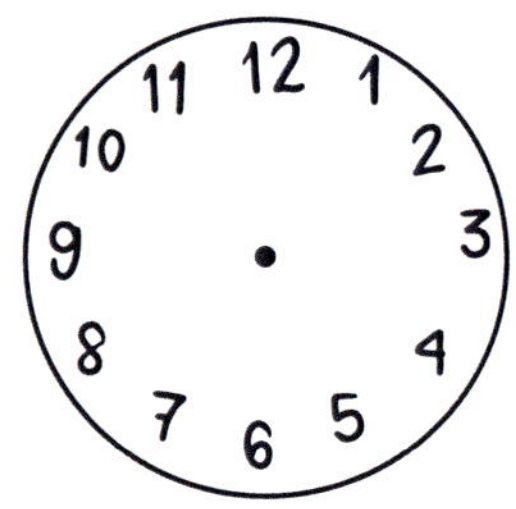

tomar banho

ir à aula

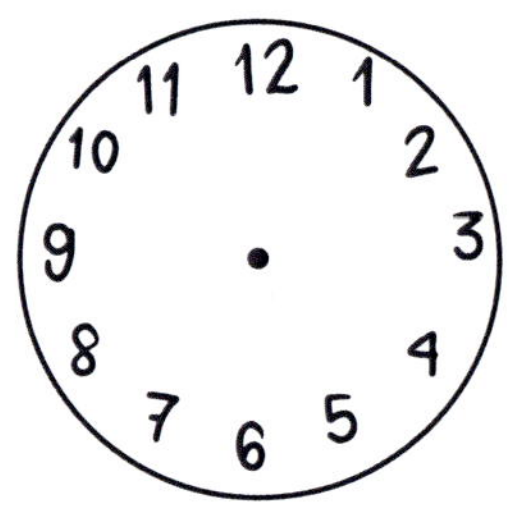

tomar café

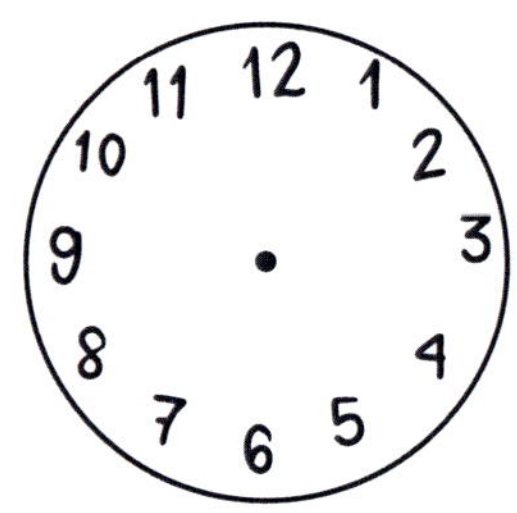

almoçar

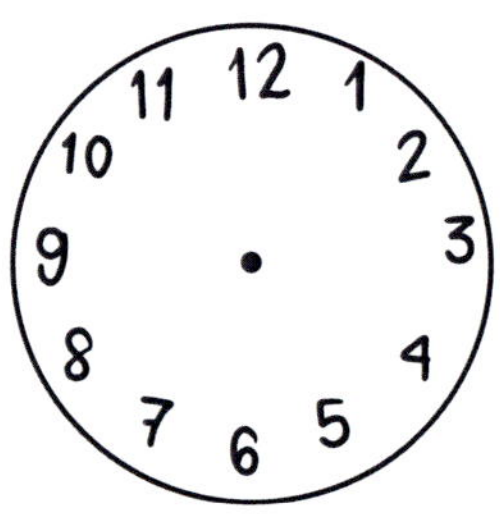

estudar

ir para casa

jantar

falar com os amigos

pegar o ônibus

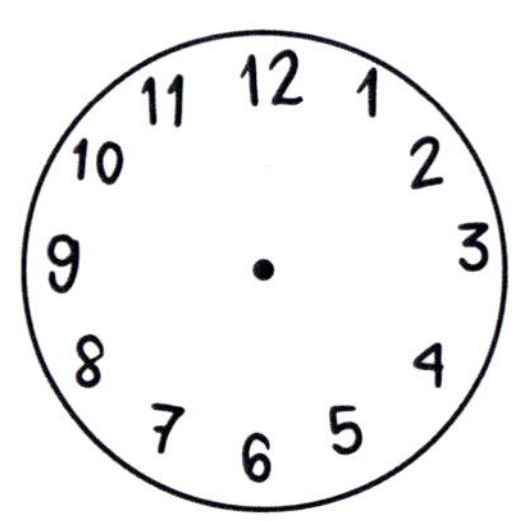

ir dormir

UNIDADE IV: Minha Família

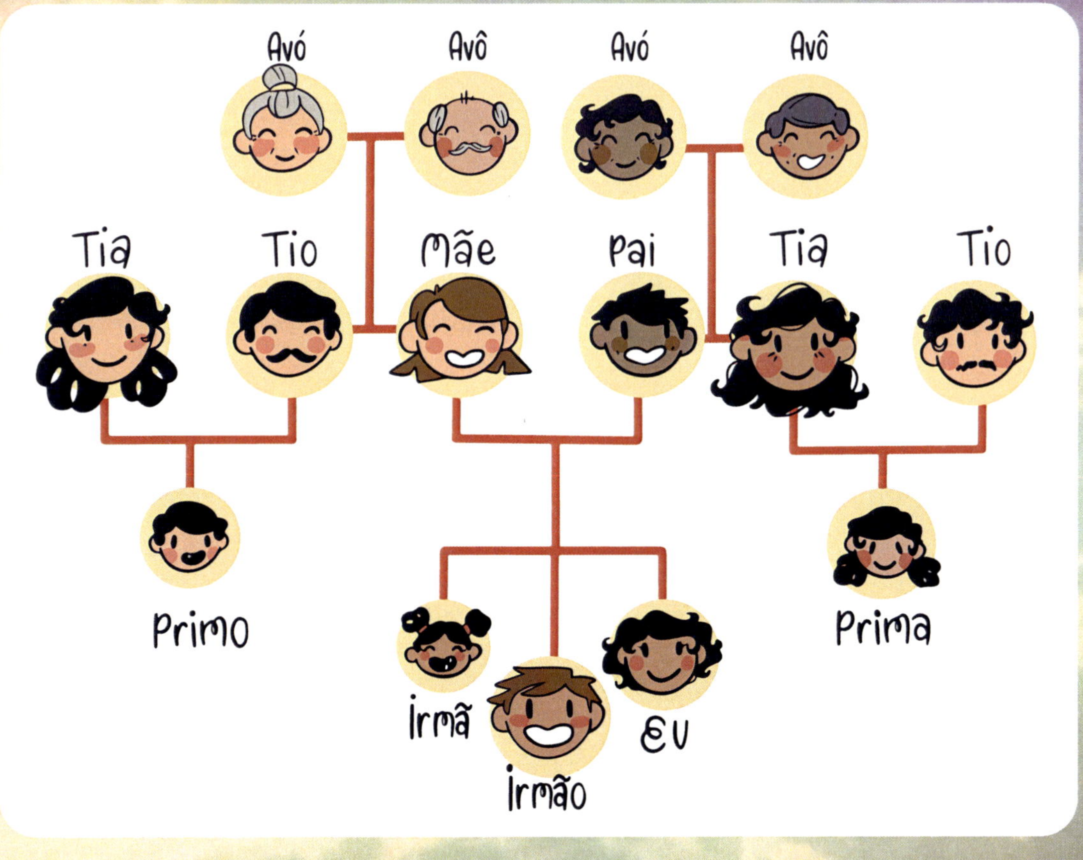

ENTRANDO NO ASSUNTO

Essa é a família da Malu. Na família da Malu tem o pai, a mãe e dois irmãos. A Malu tem uma irmã mais velha e um irmão mais novo. O nome do irmão dela é Pedro. Ele tem 47 anos de idade. O nome da irmã dela é Ana e ela tem 50 anos. O irmão da Malu é engenheiro e a irmã é jornalista. Os irmãos da Malu são casados. O Pedro é casado com a Ana Paula e eles têm uma filha que é sobrinha da Malu. A sobrinha da Malu se chama Ana Morena. Ana Morena é filha única, não tem irmãos. Ana também é casada. O marido dela se chama Manoel e ele é militar. Eles têm dois filhos, chamados Helena e Bruno. A Helena e o Bruno são estudantes, mas Bruno também é professor. A Malu gosta muito de todos os sobrinhos e eles também gostam da tia.

APROFUNDANDO A CONVERSA

Árvore genealógica
가계도

Temos abaixo uma árvore com os membros da família. Observe e se prepare para uma entrevista sobre a sua família.

가족 관계를 소개하는 아래 가계도를 보고 , 가족에 대한 인터뷰를 준비해봅시다 .

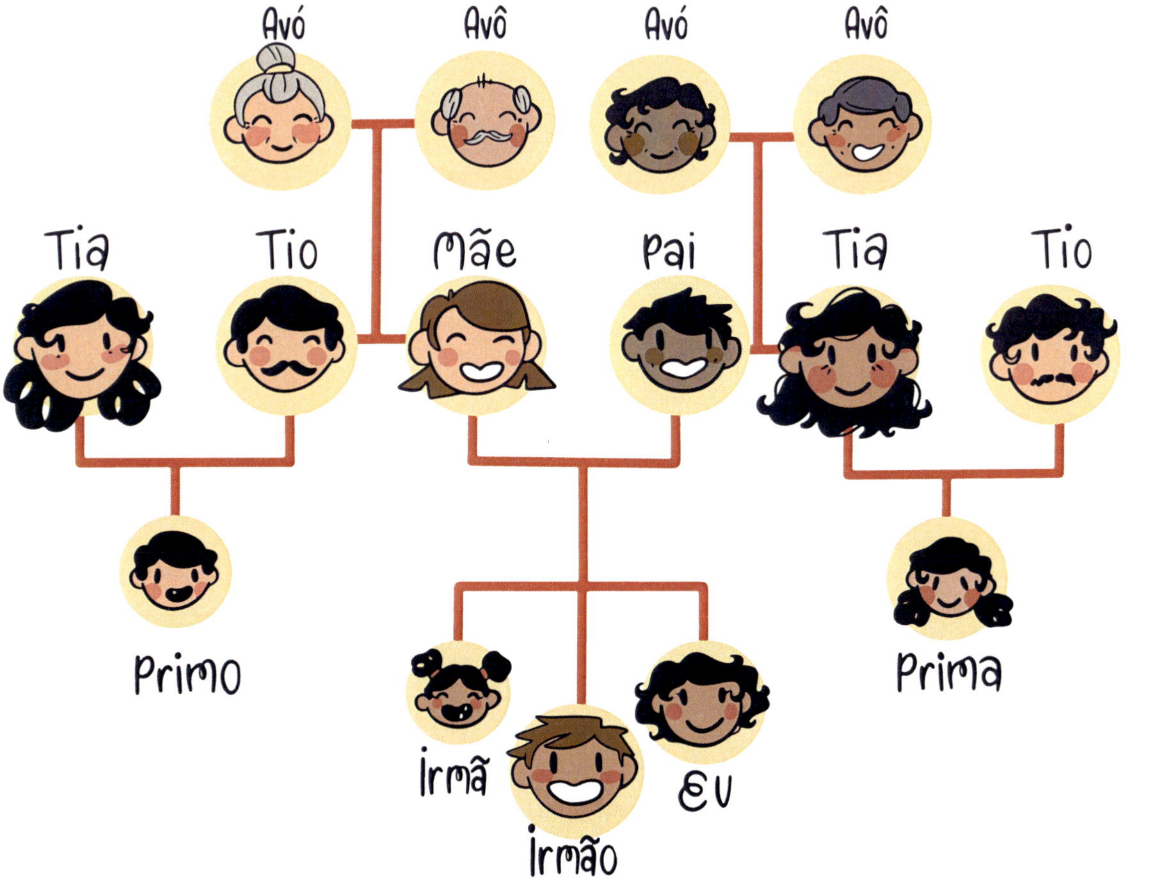

아래 질문들을 활용하여 옆 사람의 가족에 대해 물어보세요.

Agora converse com os colegas sobre a família deles. Você pode, por exemplo, fazer essas perguntas:

Quantas pessoas tem na sua família?

Você tem irmãos?

Quantos irmãos você tem?

Qual é a idade deles?

Colega 1

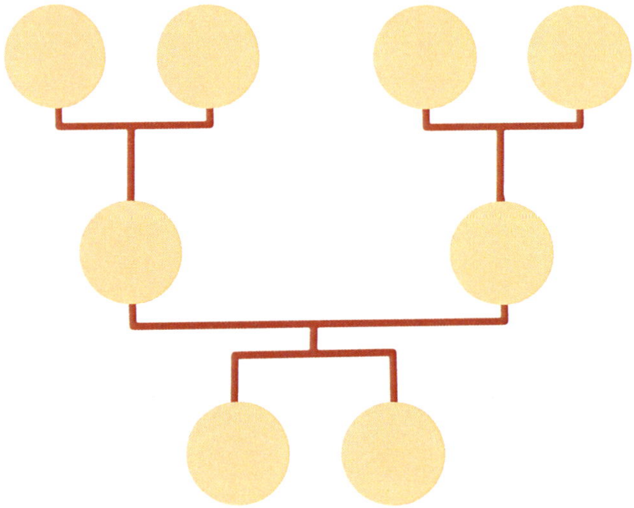

Colega 2

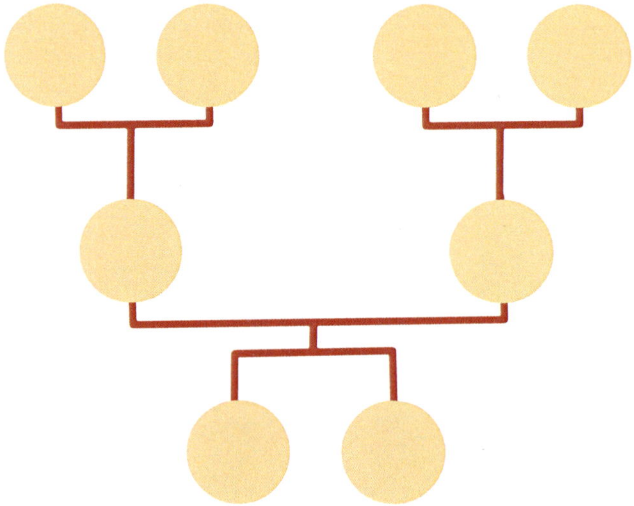

GRAMATICALMENTE FALANDO

A minha família tem 5 pessoas: os meus pais, os meus irmãos e eu. Também tenho 3 sobrinhos. O meu sobrinho chama-se Bruno e as minhas sobrinhas chamam-se Helena e Ana Morena.

	Esta é a Malu. Ela tem dois irmãos. Os irmãos dela são a Ana e o Pedro. (de + ela = dela)
	Este é o Bruno, o sobrinho da Malu. Ele tem uma irmã. A irmã dele é a Helena. (de + ele = dele)
 	Estas são a Ana e a Malu. Elas são irmãs. O pai delas chama-se Ricardo e a mãe delas chama-se Francisca. (de + elas = delas)
 	Estes são o Pedro e a Ana Paula. Eles têm uma filha. A filha deles chama-se Ana Morena. (de + eles)

Unidade 4 – Demonstrativos e possessivos em português
지시사와 소유사

Possessivos				
Eu	meu	meus	minha	minhas
Você	teu / seu	teus / seus	tua / sua	tuas / suas
Nós	nosso	nossos	nossa	nossas
Vocês		teus / seus		tuas / suas

Ele / ela	dele	dela
Eles / elas	deles	delas
Vocês	de vocês	de vocês

Demonstrativos				
este	estes	esta	estas	isto
esse	esses	essa	essas	isso
aquele	aqueles	aquela	aquelas	aquilo

Hoje em dia, no Brasil, não há muita diferença entre "esse" e "este". Mas em português europeu, existe diferença.

브라질식 포르투갈어에서는 "esse" 와 "este" 를 구분하여 사용하지 않지만, 유럽식 포르투갈어에서는 구분하여 사용합니다.

1. Preencha as lacunas com demonstrativos e possessivos adequados.

빈칸에 알맞은 지시사와 소유사를 넣어보세요.

Esse caderno é dele.
(지시사) (소유사)

a. ________________ livro é ________________________.

b. ________________ celular é ______________________.

c. ________________ óculos são _____________________.

d. ________________ bolsa é ________________________.

e. ________________ estojo é _______________________.

f. ________________ mochila é ______________________.

g. ________________ computador é __________________.

2. Unidade 4 - O que tem na bolsa da Malu?

BRINCANDO E APRENDENDO

1. Observe a árvore da família Costa. Use as explicações abaixo para completar os nomes que estão faltando na árvore.
아래 설명을 읽고 Costa 가족 구성원의 이름을 빈칸에 채워 넣어보세요.

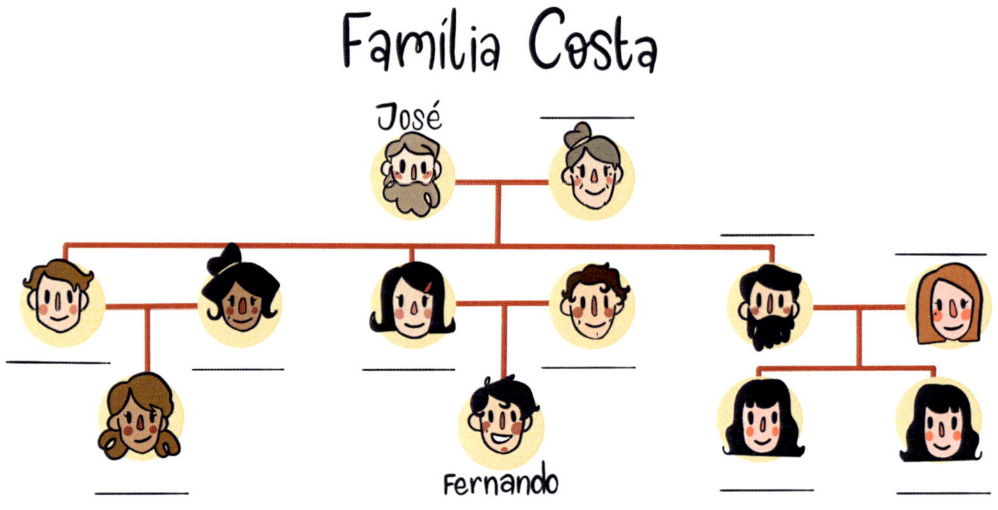

O José é marido da Marina.

O José e a Marina são pais da Cláudia e do João.

O Luís é filho da Marina e do José.

A mulher do Luís é a Paula.

O Fernando é filho da Cláudia.

O Henrique é pai do Fernando.

A esposa do Henrique é a Cláudia.

O João é casado com a Lúcia.

A Júlia é filha do João e da Lúcia.

A Júlia é irmã da Rafaela.

A Júlia e a Rafaela são primas da Isabel.

2. Agora é o contrário. Na árvore da família Silva tem os nomes de todas as pessoas. Complete a explicação com as relações entre as pessoas. Atenção: só uma pessoa está sem nome. Você consegue descobrir?
아래 Silva 가족의 가계도를 보고, 가족 관계를 설명하는 문장을 완성해 보세요. 가계도의 가족 중 마지막 한 명의 이름도 알아맞혀 보세요.

Margarida é ______________________ da Gabriela.

Renata é ______________________ da Priscila.

Gabriela é ______________________ da Renata.

Leandro é ______________________ do Geraldo.

Caio é ______________________ da Eduarda.

Milena é ______________________ da Rebeca.

Rebeca é ______________________ da Renata.

Priscila é ______________________ do Gustavo.

Caio é ______________________ do Leandro.

Gabriela é ______________________ da Milena.

Gustavo é ______________________ do Caio.

Eduarda é ______________________ da Priscila.

Felipe é ______________________ do Geraldo.

Eduarda é ______________________ da Margarida.

3. Em grupos, coloque cinco objetos em cima da mesa.

조를 짜서 책상 위에 다섯 개의 물건을 올려놓으세요.

- De quem é esse lápis?
- Esse lápis é meu.

UNIDADE V:
Onde está o Saci?

ENTRANDO NO ASSUNTO

Onde está o Saci?

https://create.kahoot.it/share/onde-esta-o-saci/28e60cd8-9be5-472b-9665-02cbca6d988a

APROFUNDANDO A CONVERSA

1. Onde estamos?

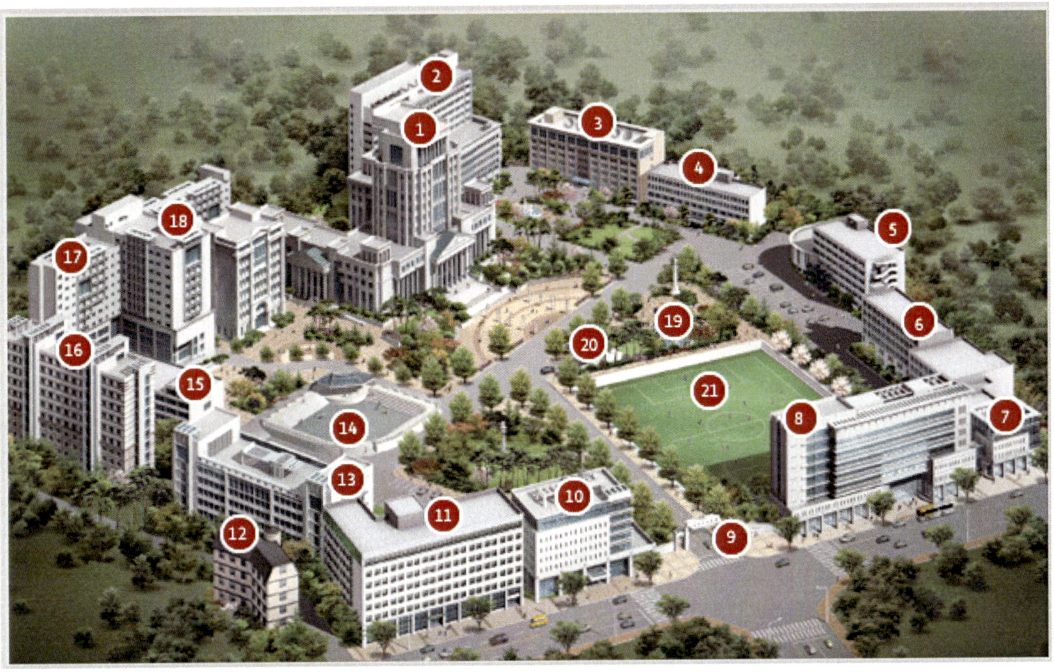

Onde estamos?
Onde fica o bandejão?
Onde fica a biblioteca?
Onde fica a cafeteria Imun107?
Onde fica a cantina dos professores?
Onde fica a sala do departamento de português?

2. Onde fica?

Abaixo, nós temos duas versões do mesmo mapa, porém com informações diferentes. Trabalhe em pares. Faça perguntas ao colega para completar o seu mapa.
다음에 제시된 서로 다른 정보가 담긴 두 개의 지도를 바탕으로, 옆 사람과 질문을 주고 받으며 누락된 정보를 채워 넣고 각자 자신의 지도를 완성하세요

Veja os exemplos abaixo para montar as suas frases.
아래 예문을 참고해서 문장을 완성해 보세요.

Pergunta: Onde fica a farmácia?

Respostas: A farmácia fica ao lado do banco.

A escola fica atrás do hospital.

A polícia fica em frente à biblioteca.

O supermercado fica entre a polícia e a padaria.

A estação de metrô fica na Rua XV de novembro.

Comece pelo supermercado.
'슈퍼마켓(supermercado)'으로 질문을 시작해 보세요.

A. Pergunte ao colega onde ficam os lugares abaixo. Ele tem essas informações no mapa dele.

아래 장소의 위치를 옆 사람에게 질문하고, 질문을 받은 사람은 지도에 그 위치를 채워 넣으세요.

o shopping	a polícia	a lan house	a escola
a livraria	o hospital	o bar	a galeria de arte

Mapa 1

B. Agora é a vez do colega. Explique para ele onde ficam os lugares que ele perguntar.

위와 반대로, 질문을 받았던 사람이 질문을 한 상대방에게 해당 위치가 어디인지 설명해 보세요.

A. Explique ao colega onde ficam os lugares que ele perguntar.

아래 지도를 보고 옆 사람이 묻는 질문에 답하세요.

Mapa 2

B. Pergunte ao colega onde ficam os lugares abaixo para completar o seu mapa. Ele tem essas informações no mapa dele.

아래 장소가 어디에 있는지 옆 사람에게 물어보고 자신의 지도를 완성해 보세요.

a sapataria	o shopping	a biblioteca	o museu
o hotel	os correios	o supermercado	o banco

GRAMATICALMENTE FALANDO

Unidade 5 – Verbo estar em português

Conjugação do verbo estar	
Eu	estou
Você	está
Ele / ela	está
Nós	estamos
Vocês	estão
Eles / elas	estão

Exercícios

1. Maria ______________________ na escola.

a. é
b. está

2. Eu ______________________ brasileiro.

a. sou
b. estou

3. Nós ______________________ na Coreia.

a. somos
b. estamos

4. O dia ______________________ frio.

a. é
b. está

5. Vocês ______________________ cansados?

a. são
b. estão

6. Ana ______________________ médica.

a. é
b. está

7. Eles ______________________ estudantes.

a. são
b. estão

Conjugação do verbo ficar	
Eu	fico
Você	fica
Ele / ela	fica
Nós	ficamos
Vocês	ficam
Eles / elas	ficam

Números ordinais			
Masculino		Feminino	
1º	Primeiro	1ª	Primeira
2º	Segundo	2ª	Segunda
3º	Terceiro	3ª	Terceira
4º	Quarto	4ª	Quarta
5º	Quinto	5ª	Quinta
6º	Sexto	6ª	Sexta
7º	Sétimo	7ª	Sétima
8º	Oitavo	8ª	Oitava
9º	Nono	9ª	Nona
10º	Décimo	10ª	Décima

8. Dias da semana

	Segunda	Terça	Quarta	Quinta	Sexta	Sábado	Domingo
Manhã							
Tarde							
Noite							

Pergunte ao colega.
Você tem aula na segunda?
Em que prédio? Qual é o andar?

9. Em que andar fica?

한국에서는 보통 1층부터 표기하지만, 브라질에서는 지상 1층을 'térreo'라 표기합니다.

Na Coreia, os andares começam no primeiro andar.

4º andar
3º andar
2º andar
1º andar

No Brasil, os andares começam no térreo.

3º andar
2º andar
1º andar
Térreo

Pergunta: Em que andar fica o banco?

Resposta: O banco fica no térreo.

JANEIRO	FEVEREIRO	MARÇO
ABRIL	MAIO	JUNHO
JULHO	AGOSTO	SETEMBRO
OUTUBRO	NOVEMBRO	DEZEMBRO

1	2	3	4	5	6	7
8	9	10	11	12	13	14
15	16	17	18	19	20	21
22	23	24	25	26	27	28
29	30	31	0	00		

10. Aniversariantes da turma

Pergunte aos colegas o dia do aniversário deles e complete o quadro.
친구들에게 생일을 묻고 아래 표의 빈칸을 채워 보세요.

Exemplo: Que dia é o seu aniversário?

Meu aniversário é dia primeiro de agosto.

No Brasil, só o primeiro dia do mês é dito “primeiro”. E depois se diz "dia dois", "dia três" e assim por diante.
브라질에서는 매월 첫 번째 날만 서수를 사용하고, 나머지는 모두 기수를 사용합니다.

	Aniversariante 1	Aniversariante 2	Aniversariante 3	Aniversariante 4
Janeiro				
Fevereiro				
Março				
Abril				
Maio				
Junho				
Julho				
Agosto				
Setembro				
Outubro				
Novembro				
Dezembro				

BRINCANDO E APRENDENDO

1. Entreviste um colega. Pergunte quando é:
옆 사람에게 아래 기념일이 언제인지 물어보세요.

O Dia das Crianças

Quando é o Dia das Crianças?

Na Coreia, o Dia das Crianças é no dia cinco de maio.

No Brasil, é dia doze de outubro.

a. O Natal

___

b. O Dia do Hangul

___

c. O Dia dos Pais

___

d. O seu aniversário

___

2. Nasceram sete passarinhos na ordem que segue.
7마리의 새가 알을 깨고 다음 순서대로 태어났습니다.

O primeiro passarinho é verde.

O segundo passarinho é amarelo.

O terceiro passarinho é azul.

O quarto passarinho é branco.

O quinto passarinho é vermelho.

O sexto passarinho é preto.

O sétimo passarinho é marrom.

Escreva nos ovinhos a ordem em que os passarinhos nasceram.
아래 그림에 새들이 태어난 순서를 표시해 보세요.

3. Vamos treinar um pouco mais as cores?

De que cor é...?

https://create.kahoot.it/share/de-que-cor/0eba7a20-30b6-4931-93af-93df35d01b74

UNIDADE VI :

Do que você gosta?

ENTRANDO NO ASSUNTO

A mesa dos brasileiros

Vamos conhecer o que os brasileiros comem no dia a dia?
No café da manhã, os brasileiros tomam café, é claro. Muitas vezes preferem o café com leite.
Para acompanhar, comem pão, queijo, uma fruta ou um iogurte.
No almoço, os brasileiros gostam de comer feijão, arroz e uma carne. Geralmente, a carne é de boi ou frango. Costumam também comer uma salada ou legumes.
A hora do cafezinho é muito importante para os brasileiros. Nessa hora, eles conversam, tomam um café e um lanche.
No jantar, os brasileiros tomam uma sopa com pão ou comem uma massa.

브라질의 일상식에 대해

브라질에서는 일상적으로 어떻게 식사하는지 알아볼까요?
아침에는 물론 커피를 마십니다. 우유를 넣은 커피를 선호하는 사람들도 많답니다.
빵과 치즈, 과일 한 종류 또는 요거트를 곁들이는 것이 일반적입니다.
점심에 가장 많이 먹는 음식은 밥과 콩요리에 고기를 추가합니다. 고기로는 주로 소고기나 닭고기를 먹고 여기에 샐러드나 채소를 추가하기도 합니다.
커피 브레이크 시간은 브라질 사람들에게 매우 중요한 시간입니다. 커피를 마시며 간식도 즐기지만, 대화를 나누는 시간이기도 합니다.
저녁으로는 스프와 빵, 또는 파스타를 즐겨먹습니다.

Veja a tabela abaixo e marque em cada uma das comidas se você gosta ou não.

아래 음식 목록을 보고, 좋아하는 음식인지 싫어하는 음식인지 적으세요.

E na Coreia? Como é a mesa coreana?

한국의 일상식은 어떤가요? 한국의 식사 시간에는 무엇을 먹는지 포르투갈어로 써 보세요.

Café da manhã	
Almoço	
Jantar	

APROFUNDANDO A CONVERSA

Em pares, pergunte ao colega.
Do que você gosta?
Do que você não gosta?
옆 사람에게 좋아하는 것과 싫어하는 것을 물어보세요.

Você gosta de _______________?

Gosto de			
Não gosto de			

O que você come no...

café da manhã?					
almoço?					
jantar?					

GRAMATICALMENTE FALANDO

Você já sabe conjugar o verbo gostar. O verbo gostar vem sempre com a preposição *de*. Pratique fazendo uma frase para cada pessoa.

Gostar 동사는 아래 표와 같이 활용하고, 항상 전치사 de와 함께 사용합니다. 빈칸에 인칭별로 동사를 활용하여 문장을 완성해 보세요.

Conjugação do verbo gostar			
Eu	gosto	de	
Você	gosta	de	
Ele / ela	gosta	de	
Nós	gostamos	de	
Vocês	gostam	de	
Eles / elas	gostam	de	

Assista o vídeo.

Unidade 6 – O que você gosta de fazer?

Agora pergunte ao seu colega. E você? O que você gosta de fazer?

동영상을 시청한 뒤, 옆 사람에게 아래 제시된 활동을 좋아하는지 질문해 보세요.

Você gosta de...	sim	não
jogar futebol?		
assistir filme?		
dançar?		
cantar?		
cozinhar?		
brincar?		
ler?		
viajar?		

Em português, uma pessoa brinca quando é criança. Por exemplo, brincar de boneca, brincar de super-herói. Quando um adulto sai com os amigos, é para se divertir e não brincar.

포르투갈어의 brincar 동사는 아이들이 놀이할 때 사용하는 동사이기 때문에 'brincar de boneca'는 '인형놀이 하다', 'brincar de super-herói'는 '영웅놀이 하다'라는 의미를 갖습니다. '친구들과 놀다'는 'brincar com os amigos'가 될 수 있지만 어린아이들의 놀이에만 사용하고, 어른의 경우에는 'sair com os amigos'나 'divertir-se com os amigos'를 사용해야 합니다.

Unidade 6 – Verbos regulares da segunda e terceira conjugações em português

Agora é hora de praticar fazendo frases para cada pessoa dos verbos comer e preferir.

Comer 동사와 preferir 동사를 활용하여 아래 표의 문장을 완성해 보세요.

Verbo regular da segunda conjugação		
Conjugação do verbo comer		
Eu	como	
Você	come	
Ele / ela	come	
Nós	comemos	
Vocês	comem	
Eles / elas	comem	

Verbo da terceira conjugação		
Conjugação do verbo preferir		
Eu	prefiro	
Você	prefere	
Ele / ela	prefere	
Nós	preferimos	
Vocês	preferem	
Eles / elas	preferem	

1. Qual das frases abaixo está na ordem mais falada do português?
가장 자연스러운 포르투갈어 문장의 어순을 선택하세요.

a. ( ) Maria fala português.

b. ( ) Português, nós falamos.

c. ( ) Fala português, a Maria.

d. ( ) Fala português.

2. Em português, como em coreano, é possível omitir o sujeito. A diferença é que você ainda reconhece as pessoas olhando para a conjugação. Veja o verbo das frases que seguem e escolha o sujeito correto.
한국어와 마찬가지로 포르투갈어에서는 주어 생략이 가능합니다. 차이가 있다면, 포르투갈어의 경우 동사 변형의 형태를 보면 주어를 알 수 있다는 것입니다. 다음 문장에 알맞은 주어를 선택하세요.

A. Moro no Brasil.
- a. ( ) Eu
- b. ( ) Ele
- c. ( ) Nós

B. Gosta de chocolate.
- a. ( ) Ela
- b. ( ) Nós
- c. ( ) Eu

C. Falamos português.
- a. ( ) Nós
- b. ( ) Vocês
- c. ( ) Ela

D. Moram na Coreia.
- a. ( ) Você
- b. ( ) Eles
- c. ( ) Nós

3. Ligue os verbos do português com o correspondente coreano.
아래 포르투갈어 동사에 알맞은 의미를 연결해 보세요.

falar ▪	▪ 살다
morar ▪	▪ 사랑하다
gostar ▪	▪ 말하다
ser ▪	▪ 좋아하다
amar ▪	▪ ~이다

4. Qual das frases é a correta?
아래 중 올바른 문장을 고르세요.

a. ( ) Maria e João moram no Brasil. Eles são brasileiros.

b. ( ) Maria e João moram no Brasil. Elas são brasileiras.

c. ( ) Maria e João moram no Brasil. Ela é brasileiro.

d. ( ) Maria e João moram no Brasil. Eles são brasileiras.

5. Escolha o verbo irregular.
불규칙 동사를 고르세요.

a. ( ) ser

b. ( ) gostar

c. ( ) amar

d. ( ) morar

e. ( ) falar

BRINCANDO E APRENDENDO

Qual você prefere?

https://create.kahoot.it/details/a61cc6b7-3012-41b4-a3b7-305c74baba34

1. Sim, eu gosto!

Conheça melhor seus colegas fazendo as perguntas abaixo. Se responder sim, use o verbo principal. Se responder não, use não mesmo.

친구들과 아래 제시된 질문을 주고 받으며 서로에 대해 좀 더 알아가는 시간을 가져 보세요. 예시와 같이, '네'라고 답할 경우에는 질문에 사용된 동사를 사용하고, '아니오'라고 답할 경우에는 'não'을 사용하세요.

Exemplo:

Você tem um cachorro? Tenho!
Você tem um gato? Não.

a. tocar um instrumento musical?

b. ter um irmão mais velho?

c. gostar de esporte?

d. gostar de assistir filmes?

e. gostar de cozinhar?

f. morar em um apartamento?

g. saber falar espanhol?

h. gostar de dançar?

i. pegar o ônibus para a universidade?

j. acordar cedo?

k. ter um canal de youtube?

l. gostar de se exercitar?

2. Entreviste o colega e pergunte: Qual você prefere?

	Opção 1	Opção 2
Café ou chá		
Soju ou cerveja 		
Praia ou montanha		
Frio ou calor		
Primavera ou outono		
Instagram ou Twitter		
Dia ou noite		

Fico assim sem você!

Avião sem ________

Fogueira sem brasa

Sou eu assim ____ ________

________ sem bola

Piu-piu sem Frajola

Sou ____ assim sem você

Porque que é que tem que ser ________?

Se o meu desejo não tem fim

Eu te quero todo instante

Nem mil alto-falantes

Vão poder falar por mim

________ sem beijinho

Buchecha sem Claudinho

Sou eu assim sem você

Circo sem palhaço

__________ sem amasso

Sou eu assim sem você

Tô louca pra te _____ chegar

Tô louca pra te ter nas mãos

Deitar no teu abraço

Retomar o pedaço

Que falta no meu _________

Eu não existo longe de _________

E a solidão é o meu pior castigo

Eu conto as ________ pra poder te ver

Mas o ________ tá de mal comigo

Por quê, por quê?

Neném sem chupeta

Romeu sem Julieta

Sou eu assim sem você

___________ sem estrada

Queijo sem goiabada

Sou eu assim sem você

Porque que é que tem que ser assim?

Se o meu desejo não tem fim

Eu te quero a todo instante

Nem mil alto-falantes

Vão poder falar por mim

Eu não existo longe de você

E a solidão é o meu pior castigo

Eu conto as horas pra poder te ver

Mas o relógio tá de mal comigo

Eu não existo longe de você

E a solidão é o meu pior castigo

Eu conto as horas pra poder te ver

Mas o relógio tá de mal comigo

Adriana Calcanhoto / Claudinho e Buchecha

https://www.youtube.com/watch?v=iojYDSjKK00

UNIDADE VII:

O que eles estão fazendo?

ENTRANDO NO ASSUNTO

Unidade 7 – O que eles estão fazendo?

APROFUNDANDO A CONVERSA

Em pares, entreviste o seu colega. Faça as peguntas abaixo e peça para ele responder usando as seguintes expressões.

옆 사람과 팀을 이루어 아래 내용에 대한 인터뷰를 한 다음 빈칸을 채우세요. 질문에 답하는 사람은 아래에 제시된 빈도 부사를 사용하세요.

Sempre	Eu sempre corto o cabelo.
Frequentemente	Eu frequentemente corto o cabelo.
Às vezes	Eu às vezes corto o cabelo.
Raramente	Eu raramente corto o cabelo.
Nunca	Eu nunca corto o cabelo.

Com que frequência você...	
... vai ao karaokê? 	
... corta o cabelo? 	
... pega o metrô?	
... viaja? 	
... acorda antes das seis da manhã?	
... faz exercícios?	
... cozinha em casa? 	...
... assiste TV?	
... compra roupa? 	

GRAMATICALMENTE FALANDO

A forma do verbo que estamos vendo nessa unidade é chamada de gerúndio – uma atividade que está acontecendo. É muito fácil fazer o gerúndio na forma que é usada no português brasileiro.
현재 분사의 역할은 진행형을 표현하는 것입니다. 현재분사는 간단하게 만들 수 있습니다.

1. Verbo estar + verbo principal no gerúndio

Gerúndio: tira o -r do final e acrescenta -ndo. 현재 분사: 동사 원형의 -r를 -ndo로 바꾸면 됩니다.			
1ª conjugação -AR →	tira o R e acrescenta -NDO	-ando	falar → falando
2ª conjugação –ER →	tira o R e acrescenta -NDO	-endo	comer → comendo
3ª conjugação –IR →	tira o R e acrescenta -NDO	-indo	dormir → dormindo

2. No gerúndio, só o verbo estar deve ser conjugado. Veja a tabela.

Eu	estou	falando
Você	está	falando
Ele, ela	está	falando
Nós	estamos	falando
Vocês	estão	falando
Eles, elas	estão	falando

3. O que eles estão fazendo?

https://create.kahoot.it/share/o-que-eles-estao-fazendo/abecd08a-b834-4409-94fb-a32f33f5bcb0

4. O presente fala de algo que é sempre verdadeiro ou de um hábito, enquanto o gerúndio fala de algo que acontece no momento. Use o verbo entre parênteses conjugado no presente e no gerúndio para completar as lacunas como no exemplo.

직설법 현재는 실제 있었던 사실이나 현재의 습관을 표현하는 반면, 현재분사는 지금 진행 중인 사건이나 동작을 나타냅니다. 아래 괄호 안에 제시된 동사를 직설법 현재와 현재분사로 활용하여 문장을 완성해 보세요.

Exemplo: (ter)

Estamos tendo aula.

A Maria dá aula às segundas-feiras.

a. (chover)

____________________ agora.

____________________ muito no verão.

b. (andar)

Eu sempre ____________________ a pé.

Hoje estou ____________________ de bicicleta.

c. (cozinhar)

Eu às vezes ____________________ em casa.

Agora estou ____________________ frango.

d. (comer)

Eu raramente ____________________ fastfood.

Hoje estou ____________________ uma pizza.

e. (assistir)

Agora estou ____________________ um show.

Eu frequentemente ____________________ YouTube.

BRINCANDO E APRENDENDO

1. **Forme grupos e divida o grupo em dois times. Recorte o comando que está no anexo. Depois, cada time deve fazer a mímica da frase para os colegas do outro time adivinharem.**
   두 팀으로 나누어 수행하는 조별 활동으로, 부록에 수록된 활동 카드를 잘라 서로 나눠 가진 후 자신이 가진 카드의 내용을 상대팀이 알아맞힐 수 있게 몸짓으로 표현해 보세요.

2. **No bairro de Gangnam tem muita gente. Veja os exemplos da tabela abaixo e escolha uma pessoa. Depois, diga para o seu colega o que ela está fazendo. O seu colega vai tentar adivinhar quem é.**

   Ex. Se você escolheu VENDEDOR, diga "Estou vendendo roupas."
   Seu colega deve dizer "Você é vendedor."

   강남에서는 각양각색의 사람들을 만날 수 있습니다. 아래 표를 참조하여 한 가지 직업을 선택한 후, 옆 사람이 여러분이 선택한 직업을 알아맞힐 수 있도록 그 직업의 특징을 설명해 보세요.

   예시: VENDEDOR를 선택한 경우, 옆 사람에게 "Estou vendendo roupas."라고 설명하고 옆 사람은 "Você é vendedor."라고 답하면 됩니다.

Qual é a sua profissão?	O que está fazendo agora?
Sou vendedor.	(vender) Estou vendendo roupas.
(motorista de táxi)	(dirigir)
(empresário)	(dirigir empresas)
(professor)	(ensinar)
(policial)	(ajudar as pessoas)
(pintor)	(pintar)
(pianista)	(tocar piano)
(youtuber)	(filmar)
(cantor)	(cantar)
(cozinheiro)	(cozinhar)

Agora, pergunte a outros colegas o que eles são e o que eles estão fazendo. E diga, você também, o que você é e o que você está fazendo.

이제 다른 친구들이 선택한 직업은 무엇인지, 그 직업의 특징은 무엇인지 번갈아가며 질문해 보세요.

3. O que você está fazendo a essa hora? (exercício dividido em duas partes)

이 시간에 여러분은 뭘 하세요? (2 단계 활동)

Parte 1

Encontre nas tabelas abaixo verbos e seus pares para montar a sua agenda.
Por exemplo, você pode escolher o verbo TOMAR e o substantivo BANHO que formam um par.
아래 두 표에서 짝을 이룰 수 있는 동사와 명사를 찾아 연결해 보세요.
예를 들어, TOMAR 동사와 명사 BANHO는 서로 짝을 이룰 수 있습니다.

7:30 tomar banho

Verbos 동사

lavar	fazer	tomar	jogar
ir	assistir	fazer	ir
ficar	ir	estudar	ler
visitar	fazer	ir	chegar
ir	cozinhar	tomar	ir
	ir		

Substantivos 명사

pratos	a tarefa de casa	café da manhã	futebol
para a escola	televisão	exercício	para a cama
a internet	o cinema	português	um livro
amigos	ao jardim	ao restaurante	em casa
andar de bicicleta	jantar	um banho	ao supermercado
	ao parque		

Hora	Atividade
7:00	
9:30	
11:00	
12:30	
16:45	
18:00	
21:15	
23:00	

Hora	Atividade
5:30	
8:00	
12:00	
14:30	
17:45	
19:00	
22:00	
23:50	

Parte 2

Agora, com a sua agenda pronta, forme par com um colega e faça como no exemplo abaixo.
일정을 모두 작성한 후 아래 예시와 같이 옆 사람과 함께 서로의 일정에 대해 묻고 답하세요.

COLEGA: O que você está fazendo às 7:30 da manhã?
VOCÊ: Às 7:30 da manhã, eu estou tomando banho.

UNIDADE VIII :

Minha casa

ENTRANDO NO ASSUNTO

A casa

https://create.kahoot.it/details/d7e2992d-a350-46a2-b8ec-d9e607710a74

APROFUNDANDO A CONVERSA

1. Caça-palavras

A E D Y E R B E M A I Ô
G M I C E C I Z A A E I
N E P D A A Q Y R H I B
C I L O B M U G E E O E
E A D U H I I A R N W P
T S L H V S N S É I I C
T A E Ç H A I I E J I A
B P I O A K S G A T T S
R Y R A B E R M U D A A
A T B L U S A A R I A C
S A P A T O I F A V H O
V E S T I D O P Y O F P

GRAMATICALMENTE FALANDO

Unidade 8 – Verbos ficar e estar em português

BRINCANDO E APRENDENDO

1. Onde está o Saci?

Em grupos, ouça o professor contar o que o Saci está fazendo.

Por exemplo, se o professor disser "O Saci está dormindo" você tem que correr para dizer "O Saci está no quarto".

조별로 Saci가 무엇을 하고 있는지 듣고 그에 따라 답해 보세요.

예를 들어, 선생님께서 "Saci가 자고 있습니다"라고 말씀하시면 여러분은 "Saci는 방에 있습니다"라고 답하시면 됩니다.

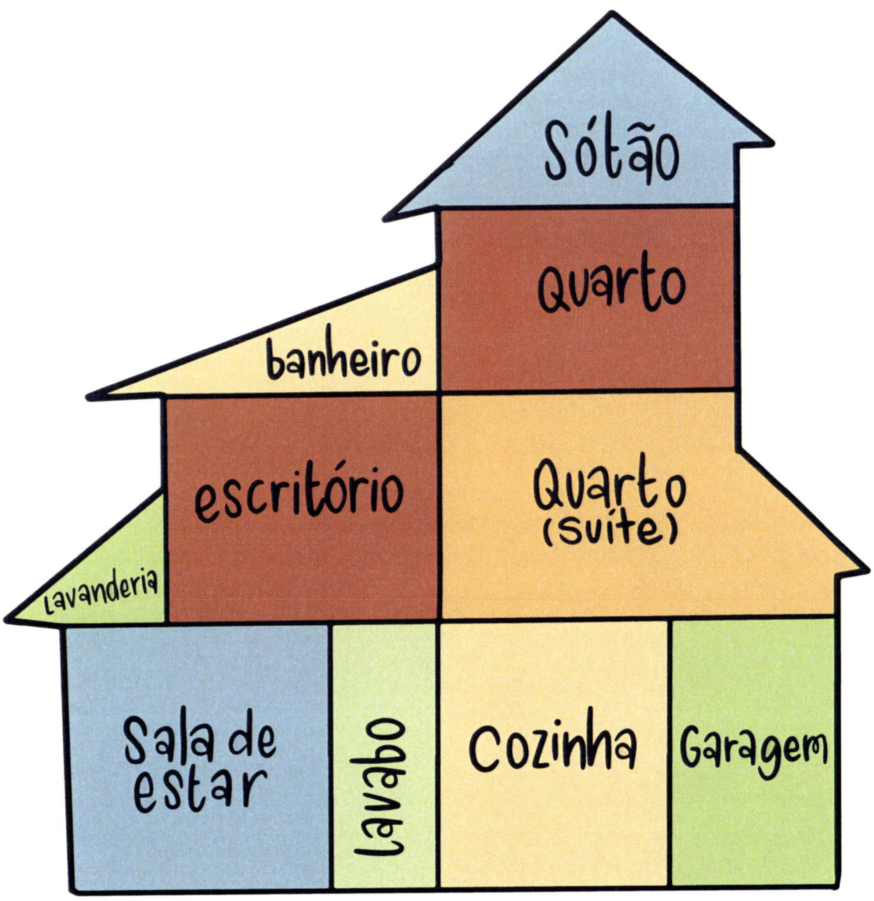

2. Travessuras do Saci. O Saci está travesso. Encontre o que ele tirou do lugar.

Saci의 장난기가 발동해서 집을 어질렀네요. 무엇을 옮겨 놓았는지 찾아보세요.

Cozinha / Sofá / Vaso sanitário 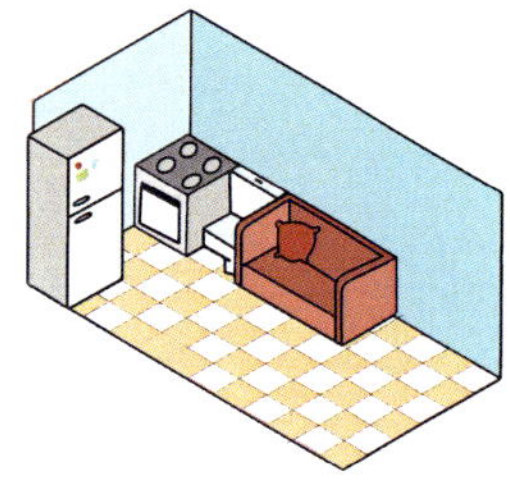	O sofá está na cozinha mas fica na sala.
Quarto / Banheira / Lavabo 	
Sala de estar / Geladeira / Chuveiro 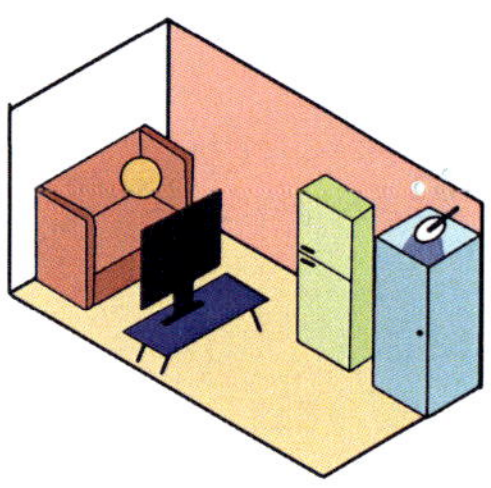	
Banheiro / Cama / Microondas 	
Escritório / Lavabo / Fogão 	

3. Em cima da mesa

O Saci bagunçou a mesa de trabalho da Maria. Vamos arrumar.
Saci가 마리아의 책상을 모두 어질러 놓았어요. 함께 정리해 봅시다.

Coloque os objetos no lugar.
물건의 제자리를 찾아 놓아보세요.

Óculos			

O lápis está em cima dos óculos.

Os óculos estão à esquerda do livro.

O livro está embaixo do estojo.

A borracha está embaixo dos óculos.

A caneta está entre a borracha e a caneca.

O caderno está em cima da caneca.

A fita adesiva está à direita do caderno.

A tesoura está entre o estojo e o laptop.

A lapiseira está embaixo da fita adesiva.

A caneca está entre a caneta e a lapiseira.

4. Bingo das roupas e cores

5. Dominó dos lugares

Encontre no anexo o dominó dos lugares. Veja o exemplo de peças já completas. Em cada dominó você deve descrever o desenho com a posição do desenho que está em uma outra peça qualquer, menos o da própria peça.

부록에 수록된 도미노를 활용하여 활동을 해봅시다. 이미 완성되어 있는 도미노를 참조하여 나머지 부분의 그림을 묘사해 보세요.

UNIDADE IX :

Qual é seu animal favorito?

ENTRANDO NO ASSUNTO

No zoológico

Um elefante é um animal grande, forte e pesado.

Um coelho é um animal pequeno, rápido e fofo.

Uma girafa é um animal alto.

O pônei é um animal baixo.

Uma tartaruga é um animal lento.

O macaco é um animal inteligente.

O peixe dourado é um animal burro.

O leão é um animal muito bravo.

O gorila é muito forte.

Agora preencha as lacunas usando os adjetivos acima.

위에 사용된 형용사를 활용해 아래 빈칸을 채우세요.

a. As baleias são ______________________ e ______________________

b. O avestruz é um animal ______________________

c. O bicho-preguiça é preguiçoso e ______________________

d. O esquilo é um animal ______________________

e. O golfinho é muito ______________________

f. Os caracóis são muito ______________________

g. Uma cobra é muito ______________________

h. O tubarão é muito ______________________

i. As borboletas são muito ______________________

APROFUNDANDO A CONVERSA

Encontre o oposto

https://create.kahoot.it/share/encontre-o-oposto/ac66edf3-fcde-4776-af6f-ad75ce78c731

GRAMATICALMENTE FALANDO

Geralmente, o adjetivo vem depois do substantivo. Gramaticalmente, pode vir antes, mas muda o sentido, como você vai ver depois.

형용사는 주로 명사 다음에 옵니다. 문법적으로 명사 앞에 오는 경우도 있지만, 다른 의미를 갖게 됩니다. 이에 대해서는 다음 단계에서 학습하시게 될 겁니다.

Por isso, procure dizer sempre:

casa bonita

carro grande

flor amarela (e não amarela flor).

Os advérbios muito ou pouco, quando modificam ou intensificam o verbo, vêm sempre depois.

부사로 사용되는 muito나 pouco는 동사를 수식할 때 항상 동사 뒤에 옵니다.

Diga por exemplo:

Gosto muito de frutas.

Eu falo pouco português.

Maria trabalha muito.

Eu como pouco.

Neva pouco em Seul.

Chove muito no verão.

Na verdade, o advérbio é muito flexível e pode aparecer em vários lugares. Mas por enquanto, siga os exemplos acima.

부사의 위치는 매우 다양합니다. 하지만 A1 단계에서는 위의 순서에 따라 사용하시면 됩니다.

Quando os advérbios muito e pouco modificam o adjetivo, eles vêm antes do adjetivo.

부사로 사용되는 muito나 pouco 가 형용사를 수식할 때에는 항상 형용사 앞에 옵니다.

Por exemplo: muito bonito, pouco interessante, muito simpática.

Chato ou divertido?

Agora pergunte aos colegas o que eles acham.
옆 사람에게 아래 활동에 대한 의견을 물어보세요.

	Muito chato	Chato	Um pouco chato	Divertido	Muito divertido
Fazer compras 					
Viajar 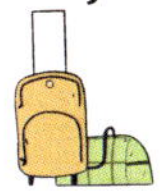					
Estudar 					
Andar de bicicleta 					
Fazer ioga 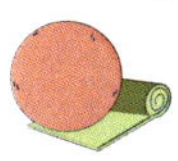					
Correr na esteira 					
Jogar futebol 					
Jogar games 					
Ler poesia 					
Assistir TV 					

O que você acha das pronúncias?

아래 문자의 발음 난이도에 대해 여러분의 의견을 이야기해 보세요.

	Muito difícil	Difícil	Um pouco difícil	Fácil	Muito fácil
ÃO					
B					
D					
F					
G					
J					
LH					
NH					
ÕES					
P					
V					
Z					

BRINCANDO E APRENDENDO

1. Bingo das cores
색깔 빙고

Vamos jogar o bingo das cores. O professor sorteará uma cor por vez e o aluno deve preencher a cartela do bingo escrevendo o nome do objeto da cor sorteada. Por exemplo, se o professor sortear preto e o aluno tiver uma caneta preta, deve mostrar o objeto e preencher uma das caixas da cartela. Ganha quem preencher primeiro duas linhas, horizontal, vertical ou diagonal. Preste atenção à concordância da cor com o objeto pois, se a concordância estiver errada, a resposta será inválida.

색깔 빙고 활동을 위해 선생님께서 한번에 한 가지씩 색깔을 추첨하실 겁니다. 추첨된 색깔의 물건을 가지고 있는 사람은 그 물건을 보여주고, 원하는 빈칸에 물건의 명칭을 적습니다. 가령, 선생님께서 검정색을 뽑으면 검은색 펜을 가지고 있는 학생이 물건을 보여주고 아래 빈칸에 물건의 명칭을 적으면 됩니다. 가로, 세로, 대각선으로 두 줄을 먼저 완성하는 사람이 이깁니다. 단, 성수가 일치하지 않으면 오답으로 처리되니 성수 일치에 유념하세요.

Cartela de bingo

2. De que cor?

https://create.kahoot.it/share/de-que-cor/0eba7a20-30b6-4931-93af-93df35d01b74

3. A ordem certa

https://create.kahoot.it/share/a-ordem-certa/4906b932-fdff-46d9-a615-5fe777fda0f8

UNIDADE X :

A viagem dos sonhos

ENTRANDO NO ASSUNTO

A viagem dos seus sonhos

Abaixo nós temos dois destinos de viagem. Qual você prefere? Escolha um e decida o que você vai levar e trazer de lá. Preste atenção no clima de cada lugar.

아래 인기 여행지 두 곳 중 여러분은 어떤 여행지를 더 선호하시나요? 한 곳의 여행지를 선택한 후, 그곳의 기후를 고려하여 무엇을 가지고 갈 지와 무엇을 가지고 올 지에 대해 이야기해 보세요.

BRASIL / PORTO DE GALINHAS em dezembro	PORTUGAL / PORTO em dezembro

O que levar... __________ __________ __________ __________ __________ O que trazer... __________ __________ __________ __________	O que levar... __________ __________ __________ __________ __________ O que trazer... __________ __________ __________ __________

Lista de objetos para levar

Câmera fotográfica

Roupa de banho

Protetor solar

Óculos de sol

Chapéu de praia

Chinelo

Remédios

Roupa de frio

Casaco

Guarda-chuva

Meias

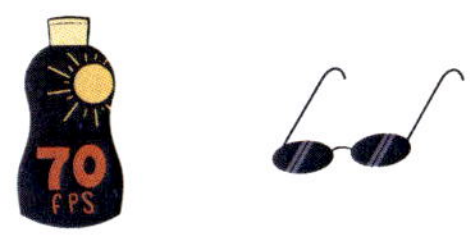

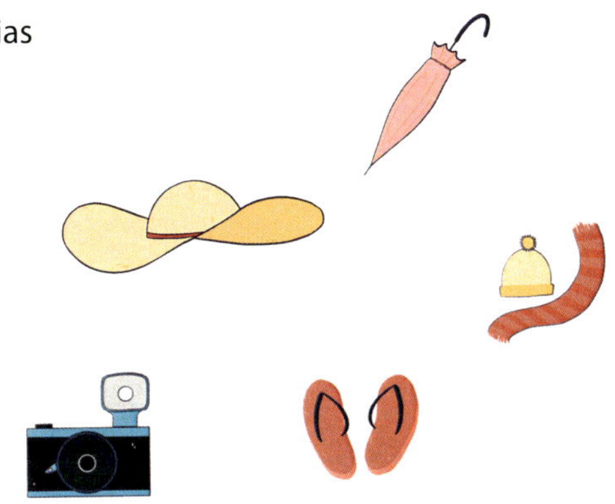

Lista de objetos para trazer

Presentes

Cachaça

Vinho

Azeite

Conjugação do verbo levar	
Eu	levo
Você	leva
Ele / ela	leva
Nós	levamos
Vocês	levam
Eles / elas	levam

Conjugação do verbo trazer	
Eu	trago
Você	traz
Ele / ela	traz
Nós	trazemos
Vocês	trazem
Eles / elas	trazem

APROFUNDANDO A CONVERSA

Escolha para onde você quer ir, monte um roteiro de viagem e responda às perguntas que seguem.
가고 싶은 여행지를 선택하여 여행 계획을 세운 뒤 아래 질문에 답하세요.

O que você vai ver?

O que você vai comer?

O que você vai comprar?

O que você vai beber?

Onde você vai dormir?

Para onde você quer passear?

Com quem você vai viajar?

Quando você vai partir?

Quanto dinheiro você vai levar?

Quanto tempo você vai ficar?

Agora pergunte para o seu colega sobre a viagem dele.
이제 옆 사람의 여행 계획에 대해 질문해 보세요

GRAMATICALMENTE FALANDO

Conjugação do verbo ir	
Eu	vou
Você	vai
Ele / ela	vai
Nós	vamos
Vocês	vão
Eles / elas	vão

Conjugação do verbo vir	
Eu	venho
Você	vem
Ele / ela	vem
Nós	vimos
Vocês	vêm
Eles / elas	vêm

O verbo IR tem o mesmo sentido de '가다' e VIR tem o mesmo sentido de '오다'.

Preste atenção nos verbos IR e VIR, porque são muito usados mas são irregulares.

IR 동사는 한국어 '가다'와 의미가 같고, VIR 동사는 '오다'와 의미가 같습니다.

IR와 VIR 동사 모두 불규칙 활용 동사라는 점에 유의하여 사용해야 합니다.

Eu vou ao zoológico.
Eu vou ao médico.

Eu venho do parque.
Ele vem de Paris.

O verbo IR também é usado para fazer o futuro:

IR 동사는 미래를 나타낼 때도 사용됩니다.

Eu vou viajar para Portugal.
Eu vou dormir agora.
Eu vou assistir aula.

Como você pode ver, é muito simples: verbo IR no presente + verbo no infinitivo.

[IR 동사 현제 시제 + 동사 원형]으로 미래를 나타냅니다.

Eu vou comer.
Você vai estudar.
Ele vai ligar para o amigo.
Ela vai tomar banho.
Nós vamos almoçar.
Vocês vão jogar futebol.
Eles vão brincar.
Elas vão conversar.

'Vamos!' pode significar convite. 'Vamos!'는 권유 또는 청유의 의미를 지닙니다.

Por exemplo: Vamos almoçar?

Vamos tomar um café?
Vamos lá.

Dica cultural: na Coreia é muito comum dizer "어디 가세요?" para cumprimentar as pessoas com quem você se encontra. A tradução em português: "Onde você vai?" não tem o mesmo sentido e não deve ser usada como cumprimento. Nesse caso, diga: "Tudo bem?" ou "Como vai?".

문화 팁: 한국에서는 아는 사람을 만났을 때 "어디 가세요?"라는 말을 인사 대신 건넬 수 있습니다. 하지만 포르투갈어의 "Onde você vai?"는 인사의 의미로 사용하지 않습니다. 이럴 땐 "Tudo bem?"이나 "Como vai?"를 사용하는 것이 좋습니다.

ATENÇÃO!

Conjugação do verbo ver	
Eu	vejo
Você	vê
Ele / ela	vê
Nós	vemos
Vocês	veem
Eles / elas	veem

O verbo VIR (오다) é parecido com o verbo VER (보다). Mas, cuidado! Os sentidos são muito diferentes.

VIR 동사와 VER 동사는 형태는 유사하나 완전히 다른 의미를 지니고 있으니 유의하여 사용하세요.

Existe outra forma de fazer o futuro:

다음과 같이 본동사를 활용하여 미래 시제를 표현할 수도 있습니다.

Conjugação do verbo fazer	
Eu	farei
Você	fará
Ele / ela	fará
Nós	faremos
Vocês	farão
Eles / elas	farão

Nós não vamos aprender a conjugar o futuro dessa forma agora porque é mais formal e é pouco usado na fala. Por isso, vamos deixar para um nível mais avançado.

위의 표에 제시된 직설법 미래 시제는 격식체에 해당하여 구어에서는 잘 사용하지 않기 때문에 다음 단계에서 학습하시게 될 겁니다.

1. Encontre o par para cada frase.
같은 상황에서 쓸 수 있는 문장을 연결해보세요.

a. Está quente.
b. Estou com fome.
c. Eu preciso do livro.
d. Essa mala é pesada.
e. Eu tenho dor de cabeça.
f. Eu não entendo o exercício.
g. Estou com sede.
h. Estou sem dinheiro.

A. Eu vou tomar água.
B. Eu vou tomar um remédio.
C. Eu vou explicar.
D. Eu vou emprestar.
E. Eu vou ajudar.
F. Eu vou ligar o ar-condicionado.
G. Eu vou cozinhar.
H. Eu vou comprar.

2. Diga as frases abaixo no futuro, usando os verbos OLHAR, AJUDAR, ATENDER, TOMAR, DORMIR, COMER, IR, PEGAR.
OLHAR, AJUDAR, ATENDER, TOMAR, DORMIR, COMER, IR, PEGAR 동사를 미래형으로 활용하여 상황에 알맞은 문장을 만들어 보세요.

Exemplo: Seu amigo está com frio. A janela está aberta.
Eu vou fechar a janela.

a. O telefone está tocando.

____

b. Tem café ou chá. Você detesta chá.

____

c. Você encontrou seu amigo no metrô. Ele tem duas bolsas grandes.

____

d. Você tem uma carta. Os correios são perto de casa.

____

e. Você quer chegar logo em casa.

____

f. Você acabou de acordar. Qual a primeira coisa que você vai fazer?

____

g. Você está com fome.

____

h. Você está cansado.

____

3. Organize a sua agenda para a próxima semana. E pergunte ao colega: O que você vai fazer na semana que vem?

자신의 다음 주 일정을 짠 뒤, 옆 사람에게 다음 주 일정에 대해 물어보세요.

	Seg.	Ter.	Qua.	Qui.	Sex.	Sáb.	Dom.
Manhã							
Tarde							
Noite							

BRINCANDO E APRENDENDO

1. Vamos ler o futuro?
미래를 알아볼까요?

Unidade 10 – Como vai ser o futuro do Alexandre?

Alexandre quer saber o futuro. Veja o que a cigana disse para ele.
점술가를 찾아간 Alexandre는 이런 말을 들었답니다.

- Você vai ficar muito rico.
- Você vai ser mais famoso do que o BTS.
- Você vai ganhar o Prêmio Nobel.
- Você vai inventar um remédio mágico.
- Você vai se casar com uma mulher rica e linda.
- Você vai morar numa mansão em Gangnam.
- Você vai comprar um Bugatti.
- Você vai viver 130 anos.
- Você vai ter muitos filhos.

Agora, é a sua vez. Com um colega, cada um vai ser o adivinho e vai ler a sorte do outro. Faça perguntas como as que seguem.

다음의 질문들을 활용해서 옆 사람과 서로의 미래를 점쳐 보세요

Quando vou me casar?

Quando eu vou ganhar na loteria?

Quantos filhos eu vou ter?

Eu vou tirar boas notas nas provas?

2. Fale sobre as seguintes previsões com um parceiro. Diga o que você acha.

옆 사람과 예시와 같이 아래 제시된 문장을 활용하여 의견을 묻고 답해 보세요.

Exemplo: **Vai chover hoje.**

- Você acha que vai chover hoje?
- Acho que sim.

a. Vai chover hoje.

b. Você vai ficar famoso.

c. Vamos viajar no tempo.

d. Vou viver até os 100 anos de idade.

e. ETs vão visitar a Terra.

f. Uma vacina de corona vai chegar esse ano.

g. Vamos ter aula normal em agosto.

h. Você vai morar em outro país.

i. Você vai viajar em julho.

j. Você vai comprar um carro.

Expressões úteis:

Acho que sim.

Acho que não.

Eu não sei.

Espero que sim.

Espero que não.

3. Complete as perguntas com o pronome apropriado:

아래 빈칸에 알맞은 의문사를 채워 넣으세요.

Qual / Quando / Quanto / O que / Onde / Que

Perguntas	Exemplo	Resposta do colega
1. A .... horas você acorda?	Eu acordo às 7.	
2. .... é o seu prato favorito?	Pizza.	
3. ....tipo de música você gosta?	Kpop.	
4. .... é o seu email?	meuemail@neiver.com	
5. ....é seu número de telefone?	010-2222-3333	
6. . ... você mora?	Imun-dong.	
7. . ... irmãos você tem?	Dois irmãos.	
8. De .... você é?	Brasil.	
9. .... seu ator preferido?	Gong Yoo.	
10. .... é sua cor favorita?	Azul.	
11 .... pessoas moram na sua casa?	Quatro.	
12. .... é seu aniversário?	Em março.	
13. .... anos você tem?	Vinte anos.	
14. .... você faz?	Sou estudante.	

Anexos

Anexo da unidade 7

Você está tomando banho. 	Você está comendo macarrão. 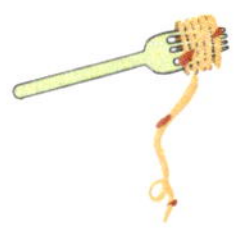
Você está lavando pratos. 	Você está correndo. 
Você está jogando no computador. 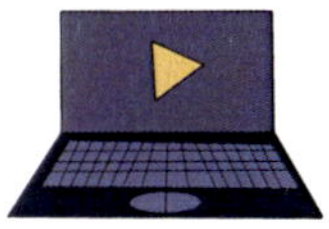	Você está esperando o ônibus. 
Você está carregando uma mala. 	Você está penteando o cabelo. 
Você está escovando os dentes. 	Você está estudando. 
Você está passando roupa. 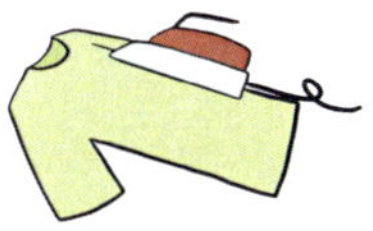	Você está cozinhando. 
Você está dormindo. 	Você está lendo um livro. 
Você está dirigindo um carro. 	Você está mandando mensagem no celular. 

Anexo da unidade 8

		O livro está em cima da mesa.		A mochila está embaixo da mesa.	
O celular está dentro da mala.	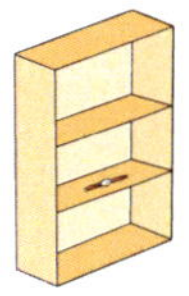		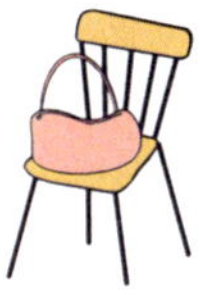		

	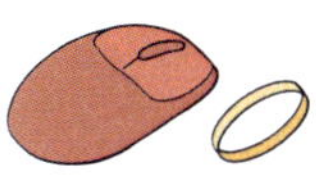		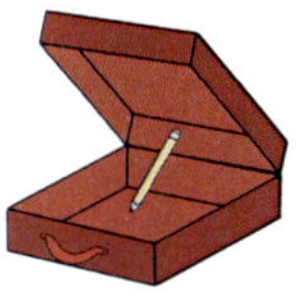		
			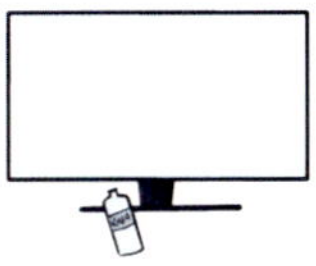